AF555217

DES
EFFETS
DE LA
Violence et de la Modération
DANS LES
AFFAIRES DE FRANCE.

A M. MALOUET.

PAR M. DE MONTLOSIER,
Ancien Député aux Etats-Généraux et Membre de l'Assemblée Nationale Constituante.

A LONDRES,
DE L'IMPRIMERIE DE BAYLIS, GREVILL-STREET;
Et se trouve chez J. DE BOFFE, Libraire, Gerrard-Street; DEBRETT, Piccadilly; BOOSEY, Broad-Street, près de la Bourse-Royale.

1796.

AVERTISSEMENT.

J'ÉTOIS occupé à donner mes derniers soins à un ouvrage intitulé : DU BONHEUR *considéré dans ses principes, relativement aux individus et aux peuples*, lorsque des circonstances particulières m'ont ramené aux dissensions politiques. J'abandonne avec regret un travail d'un intérêt doux, pour rentrer au milieu des ruines sanglantes de ma patrie. Le public d'aujourd'hui présente un auditoire composé de tant de passions différentes, qu'il me sera bien difficile de faire admettre des principes qui puissent rallier tous les intérêts. C'est pourtant l'entreprise que je fais. Royalistes, aristocrates, monarchiens constitutionnels, républicains mêmes, honnêtes gens de toutes les sectes, des toutes les classes, de tous les partis, c'est vous que je rassemble, c'est vous que j'invoque; vous-mêmes dont les mains imprudentes, égarées par de faux principes de liberté, ont allumé, sans le savoir, les premières torches de la révolution; c'est à vous que je me rallie.

Que quelques-uns crient au scandale, peu m'importe.
Des dieux que nous servons, voilà la différence.

Anathême à quiconque, sous quelque prétexte que ce soit, s'avise de repouser des mains de la Providence, des instrumens de salut. Le salut, aujourd'hui, est dans une réunion sincère à tous les ennemis de nos ennemis, à tous ceux qui partagent nos malheurs et nos intérêts, à tous ceux qui, quelqu'ait été leur conduite passée, nous offrent leurs services présens, et ont pour vœu sincère, le rétablissement de l'ordre et de la paix. C'est la seule pensée qui nous soit désormais nécessaire à avoir. *Porro unum est necessarium.*

Je vais publier incessamment quelques vues sommaires, *sur des moyens de paix pour la France, pour l'Europe, pour les Émigrés.*

Mais ce travail, absolument inutile, si tous les partis ne consentent pas à se rallier sous des enseignes convenables à leur situation, a dû être précédé d'un ouvrage, où l'on montreroit ce que c'est, 1°. que la Violence et la Modération considérées en elles-mêmes : 2°. Ce qu'elles ont produit dans le cours de la Révolution : 3°. Ce qu'elles peuvent dans le moment actuel nous offrir d'espérance. Tel est l'objet de mes trois lettres : j'eusse désiré que l'homme célèbre à qui elles sont adressées, eût voulu se charger de l'entreprise que je hasarde. Le public l'eût entendu avec plaisir, parler de la modération qu'il a si glorieusement pratiquée. Je ne blâme pas son silence, je n'ai pu l'imiter. Jusqu'à la fin j'aurai pour divise : *Argue, increpa, obcerai nomni patientiâ.*

LETTRE PREMIÈRE.

VOTRE complaisance, Monsieur, et votre ancienne amitié me donnent des droits à vos conseils; je n'ai jamais été plus dans le cas de les réclamer.

Je viens d'apprendre que dans des sociétés respectables, mon opinion sur les mesures de force et celles de conciliation, qu'on pouvoit opposer aux progrès de la Révolution, m'a fait juger démocrate; il n'y a plus à en revenir, à ce qu'on m'a assuré: l'arrêt est prononcé.

Vous ne devez pas douter que je n'aie déploré une semblable méprise; cependant, persuadé que je pourrois tirer parti, pour mes intérêts, de cet échec à ma réputation, et qu'un brevet de démocrate expédié à Londres, devoit être un trésor à Paris, j'ai cherché à le mettre à profit. Vaine espérance! opposé dès le principe à toutes les mesures révolutionnaires, ayant été contre le doublement du tiers pour l'opinion par ordre, membre du côté droit, le premier qui ait prêché l'insurrection contre l'insurrection, personne n'a voulu croire à ma démocratie; et mon émigration de première date, ma campagne de Brunswick venant encore fortifier ces *présomptions*, je ne suis point effacé de la table des proscriptions. Ainsi, j'ai beau être démocrate à Londres, ce qui me donne peu de faveur, je n'en suis pas moins aristocrate à Paris, ce qui me prive de ma fortune.

Oh, Monsieur! vous que les difficultés ne rebutent pas, ne pourriez-vous pas me trouver quelques moyens pour changer le chef-lieu de chacune de mes réputations; et au lieu d'être aristocrate à Paris et démocrate à Londres, ne pourrois-je pas être aristocrate à Londres et démocrate à Paris?

Malheureusement ce n'est point encore là le seul point bizarre de ma position. J'ai voulu faire part de cet événement à quelques personnes de mes amis; je m'attendois au moins à trouver l'intérêt qu'on doit à l'infortune. Point du tout. « Voilà ce que c'est, m'a-t-on » dit, que d'être un modéré! Vous voulez » avoir de la raison quand nous avons be- » soin d'enthousiasme et de la prudence, » quand la fureur peut nous servir. Tous ces » demi-partis sont détestables. Dans de sim-

» ples débats de poésie, Francaleu a pu dire :

> . . . . . Savez-vous, quand j'enrage,
> Que j'enrage encore plus, si l'on n'enrage aussi ?

» A plus forte raison dans les grands mou-
» vemens des Révolutions ; c'est alors qu'un
» homme sensé s'attache nettement à un
» parti. »

> Lorsque deux factions divisent un empire,
> Chacun suit à son gré la meilleure ou la pire.

Il faut être de bonne foi, Monsieur, j'ai du penchant à la modération ; et cependant il me semble que je n'aime pas la modération d'une manière commune et ordinaire. Saint Paul dit, qu'il faut être sage avec sobriété ; ce n'est pas là mon affaire. J'aime la modération avec transport ; mais je n'aime pas même la modération de tous les hommes modérés ; il me faut quelque chose qui ait les traits forts et énergiques, qui suppose des efforts et des sacrifices : ce qui vous fait croire à vous-même que le fond de mon caractère appartient à la violence.

Avec de semblables dispositions, comment n'ai-je pas pu trouver grâce auprès des hommes violens ; car enfin, si je recherche sur ce point les caractères les plus violens de l'antiquité, je trouve qu'ils ont eu aussi leurs accès de modération.

Annibal de retour à Carthage, exhorta le Sénat à faire des propositions de paix aux Romains : en cela il fut modéré : le moment d'après, il se lève et va renverser, de sa place, un membre du Sénat qui votoit pour la continuation de la guerre ; alors il fut très-violent.

A la bataille de Cannes, il charge lui-même une phalange Romaine ; j'ai lieu de croire qu'il fut assez violent ; une fois vainqueur, il se précipite dans le rang de ses soldats pour faire cesser le carnage *parce perro :* en cela il fut très-modéré.

Parmi les personnages de nos Poëtes anciens, qu'y a-t-il eu de plus colère que l'implacable Junon ? Voyez dans l'*Énéïde*, comme elle sait prendre auprès d'Éole, le ton de la douceur et de la modération ! Neptune lui-même qui eut la prudence de se modérer pour appaiser les flots de la mer, eut d'abord un mouvement de colère, *quos ego*.

Mais quelqu'effort que je fasse pour m'appliquer la faveur de ces exemples, ma mauvaise fortune veut que je ne sache pas mieux m'arranger pour les mouvemens de mon caractère que pour ceux de mon esprit. Ma réputation morale ressemble tout-à-fait à ma réputation politique. En même-tems que je passe pour aristocrate à Paris, et pour démocrate à Londres, je suis violent parmi les hommes modérés, et modéré parmi les hommes violens. Je blesse les esprits impétueux par mes opinions sages; je blesse les cœurs sages par mes mouvemens impétueux.

Ainsi, tout le monde se plaint de moi, et cependant on fait de moi tout ce qu'on veut. Aristocrate à Paris, monarchien à Coblentz, constitutionnel à Bruxelles, démocrate à Londres, je rencontre par-tout où je passe, celle des réputations odieuses qui se trouvent le plus à la mode; je n'y manque jamais.

A la fin, patience se lasse. Trop long-tems jouet du public, j'ai résolu à mon tour de de fronder les frondeurs. J'ai résolu de porter toute mon attention vers ce vice de modération que quelques-uns me reprochent, ainsi que vers cette vertu de violence que d'autres s'attribuent. Après avoir déterminé l'espèce de caractère que ces deux qualités ont pris dans la Révolution, j'examinerai encore ce qu'elles y ont produit et ce que nous avons à en attendre aujourd'hui.

Quand j'aurai fixé ces trois points, je serai plus à mon aise envers le public, sur toutes mes différentes réputations ; il en résultera peut-être un peu de censure pour mes censeurs ; mais il en résultera, j'espère, aussi quelques vues utiles sur la nature de la Révolution, ainsi que sur les changemens prodigieux qu'elle a opérés.

Suivant moi, elle a tout interverti.

D'abord, si voulez un très-habile militaire, vous ne le trouverez pas toujours parmi ceux qui étoient très-célèbres autrefois. C'est un ancien sergent d'artillerie, tel que Pichegru ; un ancien caporal d'infanterie, tel que Jourdan ; un ancien garde-chasse, tel que Stofflet ; un officier de marine, tel que Charette.

Dans un autre genre, si vous voulez un grand homme d'état, vous le trouverez rarement chez nos anciens ministres, ou chez nos anciens ambassadeurs. En France, au contraire, un notaire de village, un avocat de province en imposent à tous les cabinets de l'Europe.

Quelles étranges métamorphoses a donc

fait la Révolution française ! Mais lorsqu'un renversement subit dans l'état d'un peuple, change à la fois son génie, ses loix, ses mœurs, tous ses moyens d'administration, les hommes d'état qui s'obstinent à juger par les mêmes principes des choses qui ne sont plus en mesure avec les règles anciennes, se font un singulier partage. Ceux qui ont de l'énergie deviennent absurdes; ceux qui n'en ont pas, stupides. Les vieillards sont devenus ainsi des enfans, les hommes les plus savans de profonds ignorans. Les jeunes gens, au contraire, par cela même qu'ils ne savoient rien, se sont trouvés avoir plus de capacité. Les enfans apprennent les langues plus facilement que nous, parce qu'ils n'en savent aucune.

Cette métamorphose dans les esprits ayant été générale, elle a eu lieu de même dans les caractères. Les hommes réellement violens ont paru modérés, les hommes réellement modérés ont paru violens.

Je vais trouver dans l'émigration les hommes d'état (1), les ambassadeurs, les admi-

---

(1) Je n'ai garde, dans tout ceci, de vouloir désigner qui que ce soit; mais je ne peux m'empêcher de remarquer, que celui qui a montré le plus d'élévation

nistrateurs, les hommes les plus étrangers au métier des armes; je crois que c'est-là que je rencontrerai de la modération; quelquefois c'est la violence.

Les jeunes gens, au contraire, les militaires, les échappés de Quiberon, cette foule de tout âge, aussi brave que généreuse, qui s'est immortalisée par des actes d'héroïsme et de dévouement; je pense que c'est-là que je rencontrerai la violence; pas du tout, c'est la modération.

J'ai eu de fréquens entretiens avec un des chefs de la Vendée, M. de la Roberie: ce bon jeune homme, si plein de courage et d'honneur, étoit sage et modéré.

Dernièrement je causois de même avec un chef de Chouans; il scandalisa deux ou trois personnes auprès de moi, par sa sagesse et par sa modération. Règle générale: plus un émigré a été connu dans la Révolution par un caractère énergique, et dans toute sa vie par des actions éclatantes, plus il est modéré; au contraire, plus il a été

---

dans le caractère, et dont le courage n'est pas contesté, M. le Maréchal de Castries est précisément celui dont la sagesse et la modération ne se sont pas démenties dans tout le cours de la Révolution.

inconnu et médiocre, et plus il est violent. Etrange effet du mouvement des choses qui fait que la modération et la violence ayant chacune à prendre leur place parmi nous, la modération ait été trouver M. de Bouillé, la violence M. Ferrand (1).

Cela m'a paru si extraordinaire, que j'ai résolu de ne pas m'en tenir aux apparences, et de porter plus loin mes recherches.

En examinant l'instinct des hommes foibles, voici ce qu'on apperçevoit : ils savent qu'on ne peut rien faire avec un calme plat, au lieu qu'un gros tems nous conduit quelquefois à notre destination; ils se gardent donc bien de prêcher la modération, qu'ils se connoissent, et qui n'est propre à rien; et ils ne cessent de prêcher la violence, qu'ils n'ont pas, et qu'ils croient propre à tout.

---

(1) Interrogez sur le caractère de M. de L.., les Parlemens contre lesquels il a lutté pendant treize ans; ils vous répondront : C'est le plus violent des hommes. Proposez ensuite à tel cabinet ou tel ministre de méditer, soit un projet de manifeste, soit un plan de restauration qu'il aura travaillé, ils vous remettront le papier sans le lire, et s'écrieront avec effroi : « Que voulez-vous qu'on fasse d'un homme » aussi modéré ? »

Les hommes violens, de leur côté, accoutumés à de grands obstacles dans leurs entreprises, ont pris l'habitude d'en calculer les chances. C'est par l'habitude des tempêtes, que les marins ont appris l'art de resserrer ou de déployer leurs voiles, de jetter les ancres à propos et de diriger le gouvernail. Ils savent louvoyer avec les vents contraires, se détourner des écueils, et ils ne craignent pas souvent de faire une plus longue route pour arriver plutôt.

Un homme très-violent, quand il a du sens, doit dire dans son cœur: Je voudrois bien être modéré ; l'homme foible, au contraire, dit : Je voudrois bien pouvoir être violent. Si je me représente bien le camp des Grecs devant Troyes, Achille faisoit tous ses efforts pour se contenir, Thersite pour s'animer. Les bruyantes criailleries, les déclamations virulentes, les exagérations insensées n'ont pas un autre sens. Les plus poltrons d'entre les barbares crient de même quand ils vont au combat; les soldats Russes se serrent et marchent en silence.

Le public, cependant, qui, suivant l'expression d'Horace, *fumæ servit ineptus et stupet in titulis et imaginibus*, se méprend à toutes ces apparences; il ne voit pas que les hommes forts ont le même intérêt à avoir de la modération, que les hommes foibles à montrer de la violence. La violence tempérée par la modération, voilà ce qui constitue la force. Celui qui a trop de modération, produit moins par défaut d'énergie; celui qui approche trop de la violence, produit moins par défaut de mesure.

Où trouver cette juste pondération que Séneque exprime avec tant d'élégance: *Tum pax et concordia animi et magnitudo cum mansuetudine?* Où trouver tout à la fois cette élévation dans les conceptions, cette vigueur dans les mesures, cette dextérité dans les moyens, cette fermeté tempérée par la conciliation? Vos ennemis, en vous proclamant comme le plus redoutable d'entre les modérés, auroient-ils l'intention, Monsieur, de faire remarquer en vous la réunion de ces qualités?

Tacite, ce grand peintre de l'antiquité, nous a laissé dans les portraits qu'il nous a fait d'Agricola, des traits qui semblent se rapporter à votre caractère. *Le naturel de Domitien*, dit-il, *étoit enclin à la co-*

lère (1) ; moins elle avoit d'éclat, plus elle devenoit impraticable ; elle se laissoit adoucir, toutefois, par la prudence et la modération d'Agricola, parce qu'il ne provoquoit pas le destin, et la renommée par une obstination mal entendue, ou par une vaine ostentation de liberté.

L'assemblée constituante fut pour vous ce que Domitien fut pour Agricola ; vous ne contestâtes pas sa puissance ; vous résistâtes à ses injustices, vous souscrîtes à ce qu'elle permit de bien, et votre modération tempéra souvent ses fureurs.

Que ceux qui ne savent admirer que des traits d'audace, sachent que des grands hommes peuvent se trouver sous des dominations perverses ; et que la soumission et

---

(1) Domitiani vero natura præceps in iram, et quò obscurior, eo irrevocabilior ; moderatione tamen prudentiâque Agricolæ leniebatur, quia non contumaciâ, neque inani jactatione liberatis famam fatumque provocabat. Sciant quibus moris illicita mirari, posse etiam sub malis principibus magnos viros esse, obsequiumque ac modestiam, si industria ac vigor adsint eo laudis excedere, quo plerique per abrupta, sed in nullum rei post usum, ambitiosâ morte claruerunt.

la

la modestie quand elles sont réunies à l'habileté et à la vigueur, peuvent mériter autant d'éloge que la plupart de ceux qui avec beaucoup de hardiesse, mais sans aucun profit pour la chose, ont recherché l'éclat d'une mort ambitieuse.

Telle fut sur la modération l'opinion de Tacite; c'est au moins une autorité pour les hommes du monde. S. Paul, dans un style plus apostolique, recommanda à ses disciples de se *faire tout à tous*; c'est une autorité pour les hommes religieux.

Ces réflexions, Monsieur, me paroissent d'autant plus importantes à répandre, que nos ennemis dans tous les pays ne cessent de nous représenter comme les hommes les plus violens et les plus intraitables. Il seroit à désirer que tout le monde sût en France, que ce qu'il y a d'énergique et de sensé dans l'émigration, est sage et modéré; à l'égard de ceux qui crient pour faire semblant d'être violens, qu'on se rassure sur cette espèce d'hommes; elle est toujours facile à contenir.

Je suis, Monsieur, etc.

MONTLOSIER.

LETTRE SECONDE.

JE viens d'examiner, Monsieur, les véritables caractères de la violence et de la modération. Je crois qu'il peut être intéressant actuellement de rechercher quelle espèce de rôle ces deux qualités ont joué dans la Révolution.

Dans la première époque, où une fermentation générale annonçoit de grands changemens, une bienveillance universelle sembloit y applaudir. Tout le monde s'empressoit de faire des sacrifices. Tous les partis parloient de modération.

Cependant tout en prononçant des maximes de modération, les républicains avoient des brigands qui brûloient les châteaux, et des écrivains qui incendioient l'opinion. Chez les royalistes, tout en prononçant son acquiescement aux innovations, on ne laissoit pas que d'avoir des armées qui s'avançoient avec un grand appareil.

Au milieu de ce mouvement simulé de modération, la violence se montroit également de part et d'autre. Les républicains la désavouoient et s'en servoient. Les royalistes en parloient et ne s'en servoient pas.

Aujourd'hui, s'il falloit s'en rapporter à des écrivains qui se font nos interprêtes, on croiroit que nous sommes devenus très-violens ; il est vrai que nous sommes foibles. Au commencement de la Révolution, au contraire, nous avions la prétention d'être très-modérés, et cependant nous étions forts.

Quoi ! on étoit fort, et on caressoit la foiblesse ! on avoit deux cents mille soldats, et on composoit avec les séditieux ; on étoit modéré ! Aujourd'hui on n'a pas un homme, et on ne veut composer avec qui que ce soit ; on est devenu violent ! Ah ! que n'étiez-vous violens alors, ou que n'êtes-vous modérés aujourd'hui !

Dans nos malheurs, nous sommes quelquefois tentés d'accuser la Providence ; mais comme dans l'économie animale, la plupart de nos maladies proviennent de notre intempérance dans l'économie politique, la plupart de nos revers proviennent de nos fautes.

Dans le commencement ce fut une grande faute d'irriter ainsi à plusieurs reprises l'opinion par des menaces sans effet, tandis que les autres qui l'enchaînoient par la crainte de leurs excès, se gardoient bien de l'irriter par leurs menaces. Pour réparer ensuite cette première faute, on en fit de bien plus grandes encore.

D'abord, en fait de parti, la sagesse est de n'appercevoir qu'à la dernière extrémité, les erreurs et les délits. Un général français voyant une partie de son armée tourner le dos, et s'enfuir à pas précipités : « Vous vous » trompez, mes amis, dit-il, ce n'est pas là, » c'est ici qu'est l'ennemi ». Il jetta ainsi un mouvement de lâcheté sur le compte d'une méprise. Cette ruse ingénieuse redonna à ses troupes la confiance et la victoire.

Notre conduite a été bien différente. Nous nous sommes obstinés à ne voir jamais l'honnêteté que parmi nous. Nous n'avons jamais pu comprendre que les autres pouvoient errer, et que nous pouvions errer nous-mêmes; comme si au milieu de tant de formes dérobées à la rouille des tems, le plus grand des miracles dans une grande multitude d'hommes, n'eût pas été l'absence de tout dissentiment dans les principes, de toute différence dans les opinions! Non-seulement les règles de la prudence, les règles même de l'équité devoient nous amener une autre disposition. Les hommes par leur éducation, ont pu recevoir des principes suffisans pour les choses et pour les terres ordinaires; mais quand le mouvement excentrique d'une Révolution a dissous tous les rapports existans, nos principes cessent d'avoir leur application accoutumée; un peu de hasard entre dès-lors dans notre sagesse, la conduite n'a plus que des conjectures. Dans le délire des passions, le jeune homme sans expérience fait beaucoup de fautes : dans le délire d'une révolution, l'honnête homme aura aussi ses erreurs ; mais on peut demeurer chaste comme Clarisse ; il avoit eu le malheur d'abandonner la maison de son père.

Parmi ceux qui ont eu le bonheur d'une bonne conduite, un trop grand nombre malheureusement n'a songé qu'à en recueillir le fruit. Il a fallu que l'humiliation des autres vînt servir à leur élévation. La contre-révolution a été un champ que chacun a voulu moissonner sans partage : et l'ouvrier de l'onzième heure n'a dès-lors été qu'un indiscret, ou un importun qui est venu diminuer les salaires.

Une faute non moins grave a été de confondre les maximes et leurs excès. L'adresse des républicains étoit de proclamer sans cesse des idées chères à tout le peuple Français. La liberté bien ou mal entendue étoit le vœu de toute la France. Les partisans même les plus ardens de la monarchie vouloient des limites à sa puissance.

Les aristocrates ne se contentèrent pas de proscrire l'abus de la liberté, ils eurent l'air d'en proscrire le principe. Leur haîne vertueuse contre les excès, alla atteindre indifféremment tout ce qui avoit pu leur servir de prétexte. D'un côté on parut tendre au despotisme, de peur de la démocratie; de l'autre à la démocratie, de peur du despotisme. La France se partagea mal-adroitement entre la monarchie et la liberté. Ceux qui vouloient et la monarchie et la liberté, ne surent où se classer.

En troisième lieu, si la sagesse dans un parti est de chercher à se faire un grand nombre de prosélytes, elle est encore de chercher à se fortifier de toutes les haînes, de toutes les ambitions accessoires, d'appeller à soi tous les ennemis de ses ennemis. Pour renverser le culte catholique, le parti populaire caressa également les athées et les juifs, les déistes et les protestans, les jansénistes et les philosophes : pour renverser la monarchie, il se servit avec la même habileté des sentimens et des vues les plus opposées.

Le parti aristocratique, au contraire, ne voulut en politique comme en religion, que des orthodoxes ; il admit bien dans son sein des différences d'opinions sur les prérogatives des Parlemens, ou sur celles du Roi, sur les droits des Etats de province, ou sur ces deux ordres ; mais sur ce qui concernoit le doublement du tiers, ou l'opinion par tête, sur tout ce qui parut tenir à la cause présumée de ses défaites et de ses malheurs, il fut inexorable. Ce ne fut pas assez pour lui d'être pur, il fallut l'être à sa manière ; il fallut même l'avoir été à une certaine époque, à une certaine heure. Il rejetta les nouveaux convertis, comme Cherin rejettoit les nouveaux annoblis. Un individu révolutionnaire se séparoit-il de la révolution, un rire de moquerie et de subsannation étoit son premier accueil ; on refusoit ses services, on déjouoit son zèle ; on en auroit fait une victime plutôt que d'en faire un héros! Au moment même de ses plus grands efforts pour notre cause, on applaudissoit à ses revers, comme il auroit fallu applaudir à ses succès.

Qu'attendre d'un parti qui, au lieu de vouloir se grossir pour se mettre en état de faire une grande conquête, ne cherche qu'à se diminuer pour la partager, comme si elle étoit déjà faite? Un parti qui prête serment de fidélité à tous ses ressentimens, qui a peur de la reconnoissance, qui n'a jamais de projets, qui n'a que du souvenir, et qui marche en avant, ne cessant de regarder en arrière?

On se demande souvent en Europe, comment les honnêtes gens en France ont été si foibles. Mais si on veut faire attention à la foiblesse des mesures qui d'abord éloigna les hommes ardens, à la violence des maximes qui y succéda, et qui éloigna les hommes sages, à la rigidité dans les procédés qui s'y réunit, et qui éloigna tout le monde, on comprendra comment nous avons eu si peu de succès.

Si on veut y ajouter une fausse politique de tout céder pour tout ravoir, de laisser tout aller au pire pour tout améliorer, l'énigme de nos malheurs se trouvera entièrement expliqué.

Le parti populaire conduisit toute la France à la servitude, en lui parlant de liberté ; le parti aristocratique, en maudissant sans cesse la liberté, ne pouvoit garantir personne de la servitude.

L'un en désavouant toutes les violences, en feignant de l'horreur pour tous les crimes, attira tout à la fois les honnêtes gens par la modération de ses maximes, et les scélérats par l'assurance de ses excès. L'autre éloigna par sa rigueur ceux mêmes qu'il intéressa par son attitude. On auroit dit qu'il avoit pour but de se réduire au lieu de s'étendre, de se simplifier au lieu de se composer. Il appelloit cela s'épurer.

Ce qu'il y a de singulier, c'est que ces fautes dont nous sommes tous la victime, n'ont point été dans l'esprit général de notre parti ; mais nous nous y sommes tous laissés entraîner. Je ne sais ce qui fait, dans un incendie, que tout le monde obéit à la première voix qui s'élève au-dessus des autres. Nous avons obéi avec une grande docilité aux voix qui nous ont appellé. Voilà où elles nous ont conduits.

Ce qu'il y a de plus singulier encore, c'est

que ce mauvais esprit qui n'a jamais été celui de l'émigration, n'a pas été davantage celui de nos chefs. J'ose dire pourtant qu'ils ne l'ont pas assez réprimé. Ils ont trop laissé flatter leur sagesse au gré de notre inexpérience ; ils n'ont pas assez vu qu'en donnant de l'essor à nos passions, ils perdoient eux-mêmes leur autorité.

Les événemens accumulés d'une grande Révolution, nous ont enfin acquis à tous de la sagesse. Mais encore en ce moment, où les uns et les autres nous sommes devenus si raisonnables, nous avons encore l'imprudence d'abandonner la tribune aux plus insensés. Nous ne partageons plus les exagérations fanatiques de quelques-uns de nos écrivains, mais nous les méprisons trop.

Beaucoup de bons bourgeois de Paris se sont surpris à rire des folles sanguinaires de Camille Desmoulins et du Père Duchêne, parce qu'elles ne sembloient dirigées que vers les classes supérieures. On se rassure de même parmi nous, sous prétexte que les violences ne menacent que telle ou telle classe d'hommes. Dans tous les partis on espère que les fureurs s'arrêteront certainement à leur objet. En attendant, on se repose et ne se réveille que lorsque le feu de la maison voisine a déjà atteint celle où l'on est.

Si dans le parti républicain quelques hommes en délire ont poussé la violence de leur doctrine jusqu'à la démocratie pure, si d'exagération en exagération, ils ont fini par ne voir la liberté que dans la domination des clubs; parmi les royalistes, n'avons-nous pas entendu quelques personnes proclamer le pouvoir absolu, et ne voir de sûreté que dans la verge de fer, ainsi que dans tous les moyens de la tyrannie?

Cette exagération correspondante de part et d'autre dans les principes, se remarque de même dans les passions. Camille Desmoulins et Prudhomme se chargèrent d'apprivoiser le public avec les idées singuinaires. Marat renchérit sur Prudhomme, Robespierre sur Marat. Quelle surprise qu'un tel homme que M. Ferrand vienne se placer à côté de tels personnages! M. d'Entraigues a encore surpassé M. Ferrand. Robespierre avoit dit seulement, *Périssent les colonies plutôt que nos principes*: M. d'Entraigues a dit: *Périsse toute la France plutôt que son ancien régime.*

Il est beau, sans doute, de montrer une grande horreur pour les crimes. La sagesse toujours en garde pour éviter les extrêmes, n'en accordera pas moins de l'estime aux sentimens ardens toutes les fois qu'elle verra leur source dans un grand amour pour la vertu : mais lorsque des hommes habiles occupés à envelopper leur passions des formes du bien public, réclameront en faveur de leurs haînes privées, le suffrage dû aux plus nobles sentimens, l'honnêteté alors effrayée de l'atrocité des mesures, le sera bien davantage de la perfidie des intentions. Que penser en effet de ces hommes qui se vantent de haïr moins dans le parti opposé que dans le leur, dont le zèle dévorant n'est pas moins empressé de jetter des divisions dans leur propre parti, par une continuité d'inculpations et d'accusations odieuses, qu'à réunir leurs ennemis par des projets d'un effroi général?

On se demande quelquefois si de tels hommes sont atroces, ou seulement imprudens. Je puis affirmer par tout ce que je sais de M. d'Entraigues et de M. Ferrand, que l'un et l'autre ont des qualités qui appartiennent à des habitudes honnêtes, et à une éducation libérale.

Mais malheureusement je ne vois rien même en cela qui puisse nous rassurer. Avant la révolution, la plupart de ceux qui ont commis ensuite tant de crimes, jouissoient d'une réputation honorable. Marat avoit fait un bon traité *sur la Lumière;* il étoit recherché des savans et des hommes honnêtes; on dit que Robespierre étoit assez estimé à Arras; il avoit remporté un prix dans un concours académique, sur la question de *l'adoucissement des loix pénales.* Vous avez probablement, Monsieur, des relations avec M. le Maréchal de Castries; demandez-lui ce qu'étoit Pache. J'ai eu assez de rapprochement avec Barère pour rendre justice à ses mœurs douces et polies. Enfin, j'ai connu personnellement Couthon, Romme et Soubrani; je ne m'en rapporterai pas à mon seul témoignage; mais je demanderai à tous ceux qui les ont connus, si avant la révolution ils ne passoient pas pour des hommes excellens.

Hélas! ces hommes excellens, j'étois loin de penser qu'ils renfermassent tant de crimes! C'est qu'on n'est pas toujours cruel à son cœur; on le devient par son esprit. On le devient par les fausses positions dans laquelle on se place, par les fausses mesures que l'on prend, par les fausses tentatives que l'on hasarde, par les résistances souvent inutiles qu'on se crée.

Notre humanité se repose sur la foi des pardons et des amnisties..... Je veux m'y reposer aussi; mais Robespierre n'avoit pas de vengeance à exercer : Billaud-Varennes n'avoit reçu aucune offense. C'est par les obstacles qu'on craint, ou par ceux qu'on éprouve, qu'on devient progressivement violent et féroce. Lorsqu'on s'engage imprudemment dans des principes absolus, lorsqu'on prend une fausse route, lorsqu'on s'obstine à ne tenir compte d'aucune difficulté, il faut bien à un certain moment faire des efforts, en raison de son audace. Annibal fit fondre les roches des Alpes dans du vinaigre; Dubois de Crancé parla de jetter Genève dans le lac; Collot-d'Herbois voulut noyer Lyon dans le Rhône; M. d'Entraigues, effrayé d'avance de la difficulté de ses systêmes, parle déjà de leur sacrifier toute la France.

Nos fanatiques peuvent donc aussi passer pour des hommes excellens : on sait bien qu'ils n'ont encore émis aucun crime; on ne sait pas tous ceux dont ils sont pleins. Plaçons-les au faîte de la puissance, et bientôt nous les verrons se développer d'une manière aussi surprenante pour nous, que pour eux-mêmes.

Peu d'hommes dans les révolutions sont dans le secret de leur destinée. Dans les tems ordinaires il est facile de gouverner les hommes ; ils n'ont entr'eux d'autres rapports, que celui des affections douces. Leurs discordances ne portent que sur des intérêts légers ; et le sentiment général des devoirs est renforcé par le ciment de l'habitude.

Mais dans le cahos des révolutions et des contre-révolutions, lorsque toutes les habitudes d'un peuple sont dissoutes, ou ne sont pas encore bien raffermies, si une main ferme et vigoureuse n'étend pas sur toutes les passions, le sceptre de la modération, si on ne fait qu'appeller à soi des violences pour contenir d'autres violences, attendons-nous aux plus grands malheurs. Sous quelques prétextes que ce soit, du moment qu'on a évoqué la fureur, c'est la fureur qui règne, et non celui qui l'a appellée ; il faut comme les autres qu'il en devienne l'esclave, s'il ne veut pas en devenir la victime. Quel qu'il soit, Robespierre ou Ferrand, d'Entraigues ou Marat, il est l'homme d'aîle de la faction; il n'en est pas le chef; elle veut bien consentir à ce qu'il se mette en avant, pour répéter le signal de ses volontés, sans lui permettre d'en avoir.

La révolution a été une chose bien horrible. Une contre-révolution abandonnée à l'exagération et à la violence, en deviendroit la contre-partie. Un nouvel ordre de choses dirigé par la modération et par la sagesse, nous donnera toutes les bénédictions de la paix. Il nous apportera un gouvernement sain, conforme à nos mœurs comme à notre climat. Laissons à l'Orient les institutions qui lui conviennent; ni la république ni le despotisme ne sont faits pour la France. Son génie est éloigné de ces deux extrêmes, comme son climat l'est de la zône torride et des glaces du nord.

Après les troubles d'une grande révolution, il est doux sans doute de s'abandonner au pouvoir d'un seul; mais la prudence oblige à mettre des bornes à la puissance d'Auguste, afin qu'elle ne devienne pas celle de Tibère. Je suis royaliste; mais je ne peux proclamer le despotisme. J'abhorre le despotisme populaire; je n'aime

pas

pas le despotisme d'un seul. Je n'aime ni la journée de Saint-Barthélemy, ni celle du 2 septembre, ni les tribunaux révolutionnaires, ni les chambres ardentes, ni Jourdan bourreau et général des Avignonois, ni Tristan bourreau et compère de Louis XI. Caligula et Marat me font horreur.

Ce n'est pas ma faute, Monsieur, si je ne suis pas plus violent; je suis disposé à la violence et retenu par la raison. La nature n'a rien fait d'absolu sur la terre; je ne veux pas l'être plus qu'elle; car on ne peut l'être sans déraison ou sans crime.

Actuellement, Monsieur, c'est à vous-même que je m'adresse : vous qui au milieu de tant d'opinions et de passions extrêmes, avez toujours su vous conserver dans l'attitude qui convenoit aux circonstances, dites-moi, si dans une semblable arêne, la posture d'un athlète peut être toujours la même. Mais s'il y a de la variété dans ses mouvemens, la malveillance dira qu'il y en a dans sa conduite. En présence des républicains, s'oppose-t-il de toute sa force à la fougue des opinions populaires? il passe pour un aristocrate forcené. En présence de certains royalistes, résiste-t-il de toute sa raison aux maximes exagérées du pouvoir ? il passe pour un démocrate caché. Quand on est foible, recommande-t-il de composer avec tous les intérêts, de ménager tous les partis ? alors il passe pour un *modéré ;* enfin, il s'oppose avec fureur à toutes les fureurs, alors il passe pour un homme violent.

Telle est au juste, Monsieur, l'origine de mes différentes réputations. Plus j'y pense, plus je suis convaincu que je n'ai pu faire autrement que de les attirer. Elles sont fondées sur des nuances réelles de ma conduite ; ainsi je suis loin de me plaindre de personne. On a toujours été juste. Jusqu'à présent, un homme raisonnable avoit pu se contenter d'une seule réputation, dans la position extraordinaire des choses ; on peut très-bien en réclamer plusieurs.

Mais au milieu des mouvemens terribles dans lesquels nous sommes placés, des tracasseries particulières ont bien peu d'importance ; je me hâte de passer à des objets plus sérieux. Ce n'est pas assez d'avoir examiné la nature de la violence et de la modération, ainsi que l'espèce de conduite qu'elles ont eu dans la révolution, il faut encore rechercher ce qu'il nous reste désormais à en attendre. Je viens de vous parler des causes de nos revers ; il me sera bien plus doux de causer avec vous sur les moyens de notre restauration.

Je suis, etc.

MONTLOSIER.

LETTRE TROISIÈME.

Dans les premiers tems de la révolution, vous pensez sans doute, Monsieur, qu'il eût été prudent autant que légitime, d'opposer la violence à la violence. Tous les honnêtes gens du royaume se fussent réunis à des mesures rigoureuses, si, dirigées seulement vers la conservation de l'ordre, on ne leur avoit pas laissé soupçonner une autre intention. La France étoit parvenue à ravoir de ses souverains les droits précieux de concours à la législation et aux impôts, qui lui avoient appartenus autrefois, et qu'elle n'auroit jamais dû perdre. Ces droits, qui étoient l'espérance de tous les hommes de bien, en même temps qu'ils étoient un prétexte de sédition pour les factieux, donnoient de justes allarmes à l'autorité; mais il étoit aussi imprudent alors de vouloir les reprendre, qu'il avoit été dangereux de les concéder. Une foiblesse mal avisée nous a amené à notre perte ; des violences plus mal avisées encore l'ont consommée.

Dans des époques postérieures, lorsque la France, désenivrée du charme des innovations, eût commencé à sentir le poids terrible de sa révolution, les occasions d'une restauration facile et honorable se sont présentées à plusieurs reprises ; mais il auroit fallu abdiquer, et de faux principes de politique, et de faux principes de délicatesse : elles ont été négligées.

Après avoir été foible et violent avec les forces extérieures de la même manière qu'on l'avoit été avec les forces intérieures, désormais ce n'étoit plus du dehors que pouvoit arriver le point de ralliement ; fidèle aux mêmes principes, on a envoyé des enseignes qui ont porté par-tout la division et l'effroi, et qui ont fini par nous ôter nos dernières espérances.

Enfin au point où nous en sommes arrivés, il est bien évident que ce ne sera plus par nous que se fera notre restauration. C'est par la France ; mais alors nous devons nous attendre qu'elle se fera pour ses intérêts et non pas pour les nôtres. Ce sont donc les intérêts de la France que nous devons examiner. C'est là bien plus que dans le cabinet de Saint-James ou dans celui de Vienne, que nous devons chercher nos alliés.

L'intérêt de la France, si elle le peut, est d'être juste; c'est par la justice seule qu'elle peut arrêter le cours de sa terrible révolution. Notre intérêt, si nous le pouvons, est d'offrir à ceux qui la gouvernent tous les moyens qui dépendent de nous, pour qu'ils reviennent à l'équité. C'est à eux à nous parler de réparation; c'est à nous à parler de sacrifice; c'est à eux et à nous, à mettre ensemble sous le voile de la nécessité tout ce qui ne pourra pas être couvert par celui de la justice.

C'est sous ce double point de vue, Monsieur, que je vais examiner la position de la France et la nôtre.

Au milieu des débats convulsifs de notre révolution, l'Angleterre paroît elle-même avoir été dans le cas d'en craindre une. Les mêmes idées philosophiques y étoient en agitation, et les mouvemens de la réforme parlementaire pouvoient fournir à l'esprit de faction un aliment et un prétexte.

Heureusement pour l'Angleterre les crimes de la France ont tempéré un peu l'excès des maximes, et la force du gouvernement, plus prudent que celui de la France, a su réprimer de bonne heure l'excès des passions. Les français arrivant à Londres, ont trouvé les avenues du ministère saisies de ce mouvement qui convient à la conservation et à la force : ils l'ont tout juste appliqué à l'anéantissement et à la foiblesse. Les ministres et les grands propriétaires, tout entiers aux dangers de leur position et peu occupés de la nôtre, n'ont pu l'empêcher de montrer de la faveur parmi nous à des dispositions qui étoient les leurs.

Ce n'est pas ici le lieu de remarquer combien ce mouvement juste du gouvernement anglois, porté à faux dans les affaires de France, a produit de malheurs et de bévues ; ce que je dois dire à l'honneur du fonds de raison qui se trouve parmi les émigrés, c'est que, malgré toutes les suggestions particulières, leur sagesse mieux instruite n'en a point été altérée.

Si je parle à tous les émigrés en particulier, il n'en est pas un seul qui ne se trouve heureux de rentrer dans sa patrie, du moment qu'il y verra un gouvernement protecteur, fondé sur la modération et sur l'équité. Il n'est question alors ni de l'ancien régime, ni de la constitution de quatorze siecles, ni de toutes ces fables anciennes de notre réintégration absolue; tout cela est abandonné; le cœur n'a aucun mouvement de vengeance; leur esprit est juste et sensé; ils s'attendent à de grandes pertes ; ils consentent à de grands sacrifices.

Mais comme l'opinion publique, dans chaque ville de France, se composoit des clameurs de deux ou trois furieux, l'opinion publique, dans chaque lieu qu'habitent les émigrés, a l'air de se composer des clameurs de deux ou trois hommes imprudens.

Ces hommes soupirent après la violence; ils n'en voient que les jouissances : les révolutionnaires en apperçoivent déja les dangers.

Le gouvernement français est occupé en ce moment à résoudre ce problême intéressant pour les nations : — Comment sort-on du régime de la violence, quand on y est arrivé? Comment rentre-t-on dans la voie de la justice et de la modération, quand on en est sorti?

Ce qui a empêché les français de l'extérieur d'avoir des succès, c'est la violence; ce qui a privé les français de l'intérieur des fruits de la mort de Robespierre, c'est la violence; ce qui perdra le gouvernement actuel, c'est la violence.

Immédiatement après la mort de Robespierre, il y eut en France un moment de stupeur où chacun se regarda en silence; bientôt on songea à profiter de cette victoire: les députés incarcérés furent rétablis; les prisons d'état vuidées des hommes de bien, remplies des hommes sanguinaires; les jacobins abolis; les membres de l'ancien comité mis en jugement; Fouquier-Tinville, Carrier exécutés.

La révolution déclina ainsi peu-à-peu; le royalisme abattu insensiblement se relevoit; il étoit entré dans Paris; il avoit pris possession de la convention même; ses ambassadeurs parcouroient le Poitou, la Bretagne et le Maine, promettant la royauté à qui la vouloit, ou du moins la montroient comme la suite inévitable du nouvel ordre des choses; et cependant peu de temps après, la révolution chancelante s'est vue raffermir; la modération qu'on avoit adoptée s'est vue exclure; la royauté qu'on aimoit s'est vue haïr; les émigrés qu'on commençoit à envisager avec intérêt, se sont vus repousser. J'ai lieu de croire que beaucoup d'imprudences et au dehors et au dedans, ont fait tourner ainsi le vent de l'opinion publique.

On a trop allarmé ceux qui avoient la puissance; ils ont vu que, placés sur une pente rapide, ils couroient à leur perte en allant à l'équité. *A force d'être justes*, dit Bourdon (de l'Oise), *nous serons tous égorgés*. L'expédition de Quiberon, la reprise d'armes de la Vendée, nos écrits violens, nos projets absolus, n'ont que trop participé aux causes de ce mouvement funeste; la royauté qu'on a présenté à la France, a paru un spectre au lieu d'une ombre tutélaire; les coupables et les hommes de bien, qui étant réunis pour la première fois, couroient vers la royauté, sont revenus effrayés vers la république.

Telle est l'origine de cette nouvelle constitution construite à la hâte, que l'abbé Sieyes a déja condamnée à mort, et qui en effet n'aura pas plus de durée que les précédentes; non pas que j'adopte l'opinion d'un homme célèbre (1) qui a l'air de penser que la constitution d'un peuple n'est durable

(1) M. de Calonne.

qu'autant qu'elle est bonne. Comme les mauvaises constitutions physiques font vivre les hommes, les plus mauvaises constitutions politiques font vivre les peuples. On peut trouver assez, et dans les âges anciens, et dans les âges modernes, de ces gouvernemens contrefaits, qui durent.

Mais ce n'est pas par sa nature que le gouvernement actuel de la France me paroît prêt à périr, c'est par sa violence. Le système d'impartialité qu'il affiche, le vernis de la modération qui brille dans toutes ses proclamations, me prouvent bien qu'il apperçoit le danger, mais ne me montrent pas les moyens pour les prévenir. Il a su se garantir de la violence des maximes, à quelques égards même de celles des passions; il ne se garantira pas de même de la violence de sa position et de celle de ses mœurs.

Placé entre les propriétaires qu'il a comprimés, et les jacobins qu'il a soudoyés, le sentiment de haîne de ces deux partis a bien plus de force que la puissance mal assurée d'une institution nouvelle. Tôt ou tard l'un ou l'autre lassera sa patience. Le gouvernement actuel me paroît un malade entouré d'un grand nombre de médecins salariés qui le ruinent, et d'un plus grand nombre encore de collatéraux avides de sa succession.

Il a beau vouloir assurer la violence d'une semblable position par de telles mesures. Il a besoin de la guerre; il auroit besoin de la paix; il ne peut s'assurer de la solidité de sa puissance que par la paix; il ne peut l'établir que par la guerre. La paix affoibliroit le ciment qui lie toutes les parties de sa puissance; la guerre en brisera les ressorts. Il a beau savoir qu'il ne feroit pas cesser les mécontentemens par la paix; il a beau croire qu'il les enchaînera par la guerre : il ne peut se conserver avec la guerre; il doit périr avec la paix.

Mais quelle que soit la fortune de ce gouvernement, si les royalistes de l'intérieur et ceux de l'extérieur n'ont pas plus de sagesse qu'ils n'en ont eu jusqu'à présent, cet événement qu'ils attendent avec impatience n'aura pas pour eux plus d'avantage que tous ceux du même genre qui l'ont précédé.

Au milieu de cette anarchie mobile, qui fait succéder en France les gouvernemens aux gouvernemens, nous sommes étonnés que la même force repousse toujours la royauté : les hommes changent; les résistances ne changent jamais; mais c'est que le gouvernement que nous voyons n'est qu'une ombre; le gouvernement que nous ne voyons pas, voilà où est la puissance. Les hommes habiles en France s'attendent aussi à la chute de leur constitution, et n'en sont pas déconcertés : ils savent que leur force est ailleurs que dans de vaines formes.

C'est ainsi que, lorsque nous nous enthousiasmions sur l'importance de quelques chefs de la Vendée, ils virent mieux que nous que cette puissance n'étoit pas dans ces chefs, mais dans la fermentation des sentimens religieux, ainsi que dans l'horreur des réquisitions et des moyens révolutionnaires. Ils ont tout sacrifié à cette force. Les vainqueurs de l'Europe ont composé avec des paysans du Poitou : ils leur ont rendu leurs possessions, leurs cultes et leurs prêtres; ils ont écarté de leur sein tous les excès de la guerre et tous ceux de la révolution. C'est par la violence qu'ils avoient élevé cette nouvelle puissance; c'est par la violence qu'ils l'avoient affermie; c'est par la modération qu'ils ont commencé à l'affoiblir; c'est par la modération qu'ils réussiront peut-être à l'anéantir.

Nous nous trompons de même tous les jours sur l'importance de quelques chefs de la révolution; des formes extérieures se dessinent sous nos yeux avec beaucoup d'apparat, et nous nous disons : Voilà le gouvernement; sachons nous désabuser; ce n'est ni M. Carnot, ni M. Rewbell qui règnent en France; ce n'est ni le conseil des cinq-cents ni celui des anciens : ce n'est pas davantage une monarchie ou une république; c'est la révolution; c'est la masse de toutes les anciennes idées qui l'ont fait naître, et dont nous trouvons le germe jusques dans nos propres cahiers; c'est la masse de toutes les fautes, de toutes les erreurs, de tous les crimes qui s'y est ajouté; ce sont les nouveaux intérêts, toutes les nouvelles espérances, toutes les nouvelles habitudes qui s'y sont réunis. Voilà ce qui enchaîne réellement toute la France, et ce qui fait, que tandis que tout paroît changer au dehors, une puissance intérieure et invisible, représente avec constance les mêmes moyens, les mêmes élémens, les mêmes obstacles.

Or, pour triompher d'une puissance qui a triomphé de tout, est-ce à la violence ou à la modération que nous devons demander des moyens? Nous n'avons, pour nous former une puissance, ni un territoire fortifié par la nature, comme la Vendée, ni des armées disciplinées comme la République; la violence ne sauroit nous en composer une. La France n'a besoin ni de nos querelles, ni de nos ressentimens; elle en a assez dans son sein; elle n'a pas besoin davantage de nouveaux combats ou de nouvelles crises; elle veut le repos. Fatiguée des longues dissensions de Marius et de Sylla, de César et de Pompée, d'Antoine et d'Octave, si Rome se rendit si facilement à la domination d'Auguste, Tacite nous en donne la raison; *militem donis, populum annonâ cunctos dulcedine otii pellexit.* Voilà ce qu'il faut à la France.

On nous assure que tout le monde maudit la Révolution. Ah! je le crois; je cherche seulement s'il n'y a pas quelque différence entre maudire tardivement la Révolution faite, et s'empresser pour rétablir l'ancien ordre de choses; Danton, Chaumette et Hébert, sous le tranchant de la guillotine, maudissoient la Révolution: mais je n'ai pu encore m'assurer si, sauvés de l'échafaud et rendus à la suprême puissance, le premier usage qu'ils en eussent fait, eût été de rétablir les Parlemens.

Toute la France maudit la révolution, et c'est pour cela même qu'elle n'en veut pas une nouvelle, elle ne veut ni passer à un état nouveau, ni revenir à un état ancien; elle veut son état actuel et la paix. Quelque illusion qu'on se fasse, des vainqueurs se laissent difficilement condamner à l'humiliation et à la honte par des vaincus, personne ne veut perdre le fruit de ses talens ou des événemens. Les généraux d'armée ne veulent plus redevenir soldats; les juges ne veulent plus redevenir huissiers; les maires, les présidens de départemens, ne veulent plus redevenir laboureurs ou artisans; les acquéreurs même de nos biens ne voudroient pas les perdre.

C'en est fait, la Révolution que toute la France maudit, a envahi toute la France; l'une et l'autre se tiennent et sont inséparables. Il faut entrer dans cet amalgame tel qu'il est, y chercher notre place, et se persuader qu'on n'y sera pas reçu avec tout ce volume de son ancienne existence; qu'on se décide, il faut qu'un intérêt soit victime pour un autre intérêt ; que l'ambition personnelle le sacrifie à l'ambition de la monarchie, les douceurs de la vanité aux douceurs du repos, et une partie de ce mobilier de jouissance, patrimoine de notre état ancien, au recouvrement de nos possessions, au bonheur simple d'une existence casanière et sobre (1).

J'admire l'obstination de ceux qu'on dit ne vouloir de la monarchie Française, qu'autant qu'elle leur représentera les mêmes places, les mêmes jouissances, les mêmes formes. Ces hommes ne croient ni aux succès du crime, ni à la durée d'une grande révolution, comme si tout ce qui existe sur la terre, ne portoit pas l'empreinte d'anciennes révolutions ; et nos empires et nos loix, et nos institutions, que sont-elles partout, si ce n'est des délaissemens d'anciennes révolutions ? Jetons les yeux autour de

(1) At non ingentem foribus domus alta superbis
Mane salutantum totis vomit ædibus undam,
At secura quies et nescia fallere vita,
Dives opum variarum, at latis otia fundis,
Speluncæ vivi que lacus, at frigida tempe,
Mugitus que boum, molles que sub arbore somni
Non absunt.....

nous, ou plutôt par tous nos regards vers ces contrées récemment ravagées; car la nature a aussi ses cataclismes. Là où tout est aujourd'hui déplacé, l'homme simple et juste a su se soumettre à la loi impérieuse de la nécessité; le paisible habitant de la Calabre, laboure aujourd'hui cette terre bouleversée, et ne fatigue pas sans cesse le ciel et la terre par des efforts impuissans, ou par des fureurs inutiles.

Mais telle est l'idée que nous avons de la grandeur de nos destinées; nous croyons que la Providence doit arrêter le cours de toute la nature, pour la conformer à la justice de nos intérêts; nous croyons que la morale des individus et celle des nations est intéressée à nos petits succès, va être ébranlée par nos petits revers; comme si dans les nombreux événemens et des choses et des hommes, et des hommes et des peuples, le sort n'eût jamais été injuste que pour nous.

Malheur aux vaincus, et nous le sommes; sachons subir avec dignité cette douloureuse condition; n'ayons pas la puérilité de contester à des soldats dans l'ivresse, des parcelles de leur butin. On veut régler les événemens d'une Révolution par les loix de la justice; et où a-t-on vu, que dans les décrets du Ciel, la terre doive toujours appartenir au plus juste? Dans cette lutte de l'état ancien qui veut revenir contre l'état nouveau qui veut se conserver, comment imagine-t-on que ceux qui ont été assez injustes pour nous dépouiller, deviendront tout-à-coup assez justes pour nous rendre? Et si de tels hommes sont capables de quelque sacrifice à l'équité, comment n'en ferions-nous pas nous-mêmes au bien de la paix? lorsque le peuple Romain se retira sur le Mont-Aventin, alla-t-on lui porter les anciennes loix de Romulus, les anciens rescripts de Numa, ou le procès-verbal de ses conférences avec la nymphe Egérie? On lui accorda ce qu'il demandoit. Je n'ai pas vu qu'on ait présenté à Raoul et à ses brigands, nos anciens capitulaires et la constitution de Clovis; on leur donna la Normandie.

Enfin pourquoi se bat-on en Europe? ce n'est pas sûrement contre l'établissement d'une nouvelle république; la république n'a été qu'un accident dans la révolution; le dépouillement des classes supérieures, les usurpations de tous genres, voilà quel en a été l'objet. La monarchie s'est enfoncée avec le poids de nos droits et de nos prérogatives qui s'y étoient réfugiées; eh bien! sacrifions nous-mêmes ces droits et ces prérogatives, et la monarchie reviendra à flot, et la paix sera rendue à toute l'Europe.

Ces paroles sont dures; et pourtant ces vues simples de la prudence sont en même tems celles de la nécessité Si nous voulons un roi et la paix, il faut faire en sorte que ce roi ne soit pas seulement le nôtre, mais celui de la France : il faut présenter à la France, et la paix qui lui convient, et la royauté qui lui convient. Il faut se persuader que, quoiqu'on fasse désormais, rien ne peut effacer du sol de la France les empreintes de sa révolution. Les français de l'intérieur, les français de l'extérieur, les puissances de l'Europe, celles de tout l'univers réuniroient en vain leurs efforts. Les laves de l'Etna se voient depuis une infinité de siècles sur le sol de la Sicile qu'elles ont couvert et dénaturé. Les Alpes montrent encore au voyageur étonné les traces de l'Océan, qui osa atteindre leur sommet. C'est le propre de toutes les grandes crises de la nature de laisser ainsi sur la terre des traces durables. Les révolutions du monde moral subissent les mêmes loix.

L'Europe conserve encore par-tout des traces de l'ancienne féodalité. Rome monarchie devint une république ; elle conserva des formes de la monarchie : Rome républicaine redevint à son tour monarchie, et elle retint des formes de la république. L'assemblée constituante réussit à s'emparer de la souveraine puissance; ce fut en mettant dans ses mains la forme d'un roi, comme Tibère et Auguste avoient mis dans les leurs celle du sénat. La France révolutionnaire ne redeviendra certainement une monarchie, qu'en conservant de même une partie des institutions et des formes de la révolution.

Eh quoi! peut-il encore demeurer quelques doutes, lorsque d'un moment à l'autre cette grande question peut se décider par la paix; dans ce délaissement général, que nous serions à plaindre, si la providence ne nous avoit donné d'autres ressources que la plupart de ces prétendus alliés, accueillis par des nations civilisées, comme les Troyens fugitifs le furent par les flots de la mer, ou plutôt comme ces malheureux naufragés que le sort amène chez des peuplades sauvages. Nous n'avons trouvé de secours et d'asyle que sur une terre que la mer a heureusement séparé du continent et de ses vices. Honneur soit à jamais à cette terre hospitalière, qui a su respecter le malheur, qui a su estimer la fidélité.

Mais enfin, puisqu'en présence de tous les autres peuples

> . . . . Extrema per illos
> Justitia excedens terris vestigia fecit?

nous pouvons voir quel fonds il nous reste à faire sur ces appels vagues à la justice ainsi qu'à l'humanité.

Oui, cette France, notre ennemie, notre persécutrice, est encore la meilleure ressource, notre plus raisonnable espérance. Que si un de ces fameux agitateurs qui la gouvernent, s'élevoit contre moi, et venoit me dire : « La paix une fois faite avec l'Eu-« rope, où sont nos ennemis, où sont vos « alliés? Si vous ne pouvez plus nous ins-« pirer de la crainte, vous ne pouvez pas « davantage nous inspirer de la confiance : « nous avons besoin de vos richesses, nous « n'avons pas besoin de vous ». Je lui répondrois : « Vous avez besoin de nous, vous « n'avez pas besoin de nos richesses; nous

« devons vous inspirer de la confiance,
« nous pouvons vous inspirer de la crainte;
« nous sommes toujours forts, si vous con-
« tinuez la guerre; nous sommes forts plus
« que jamais, si vous faites la paix. Vous
« pouvez cesser de combattre au dehors
« pour une république qu'on ne vous con-
« teste pas; vous combattrez long-tems au
« dedans pour de grands intérêts qui ne sont
« pas encore fixés. Reproduisez tant que
« vous voudrez des signes tant de fois im-
« posteurs : ces signes représentent vos dan-
« gers encore plus que vos richesses. Nos
« richesses vous sont inutiles, si vous faites
« la paix; toutes les richesses de la France
« ne vous suffisent pas, si vous continuez
« la guerre.

« Vous me demandez où sont vos enne-
« mis, où sont nos alliés? Nous n'avons su
« jusqu'à présent nous faire des appuis que
« de ceux qui nous aiment; tremblez au
« moment où nous saurons nous faire des
« alliés de tous ceux qui vous haïssent.

« Tout meurtrier des secousses d'une ré-
« volution, des émigrés rentrés dans leurs
« foyers, seront toujours les plus sûrs auxi-
« liaires de tout gouvernement protecteur :

« ils ne peuvent vous inspirer de la mé-
« fiance.

« Des émigrés proscrits, forcés de livrer
« à vos troubles intérieurs leur désespoir et
« leurs talens, peuvent vous inspirer de la
« crainte.

« Vous parlez de la cessation de la guerre;
« mais quand le tems des combats sera
« passé, que vous restera-t-il pour la re-
« nommée, si ce n'est la générosité, la jus-
« tice, toutes les vertus de la paix? Et quand
« vos redoutables armées seront licenciées,
« que vous restera-t-il pour votre sûreté, si
« ce n'est de composer sagement avec toutes
« les haînes et avec tous les intérêts?

« Vous avez peut-être une grande idée
« de la supériorité de votre situation; tout
« le monde peut vous rendre compte de la
« nôtre : nos revers n'ont rien qui nous
« abaisse; votre prospérité n'a rien qui nous
« fasse envie; vous avez l'éclat de vos suc-
« cès; nous avons la gloire de nos malheurs.
« Si vous continuez la guerre, votre exis-
« tence et la nôtre appartiennent de la même
« manière au hasard des combats; si vous
« faites la paix, votre sort et le nôtre de-
« meurent également à la merci de vos
« troubles intérieurs.

« Vous avez nos richesses nous sommes
« dans l'indigence ; mais notre indigence
» nous cause moins d'inquiétude que l'in-
« certitude de votre destinée ne vous apporte
« de tourmens. Notre sang coule en paix
« dans nos veines; votre cœur n'a pas encore
« connu le repos. La guerre extérieure avec
» des victoires vous épuise, avec des revers
« vous menace. Les dissensions intérieures
« vous menacent bien plus encore.

« Nous désirons, il est vrai, de voir le sol
« qui nous donna le jour; mais vous avez
« encore plus besoin de la paix, que nous
« n'avons besoin de la France. Cette paix,
« vous l'aurez en transigeant raisonnable-
« ment avec l'Europe, en composant équi-
« tablement avec nous. Sans l'équité vous
« ne pouvez avoir de sûreté au dehors que
« par la terreur des armées et l'appareil des
« places fortes ; au dedans que par la terreur
« des mesures et par l'appareil des écha-
« fauds; la France demeure exposée ainsi
« ou au fer de ses ennemis, à celui de ses
« propres soldats, ou à la licence des pas-
« sions, à l'anarchie des cupidités.

« Faites tout ce qu'il vous plaira; quelque
« parti que vous preniez, vous serez moins

« les maîtres, que vous ne pensez, des des-
« tinées de la France. Si votre projet est de
« la retenir sous le règne de la violence, jetez
« les yeux sur ce petit territoire que la nature
« a placé entre la rive gauche de la Loire et la
« mer; vous avez eu beau anéantir une Ven-
« dée, plus de trente vous attendent; et si vos
« armées viennent à entrer une fois dans vos
« discordes intérieures, ce ne sont pas seule-
« ment quelques années, mais des siècles de
« malheur et de proscription qui vous atten-
« dent, ainsi que toute votre postérité.

« Vos armées, voilà la puissance qui
« vous protége, voilà la puissance qui vous
« menace. Prêts à périr sans vos armées,
« prêts à périr par elles, la force convulsive
« qui fait vos triomphes est la même qui
« fait vos dangers. C'est une fièvre qui vous
« dévore. Vous pouvez enfoncer des batail-
« lons ennemis; vous ne pouvez ni régler
« vos finances ni ramener le régne des loix.
« Entraîné au-delà de vos vues par le régime
« de la terreur, entraîné de même par celui
« de la modération, vous avez beau, comme
« le malheureux dont parle la fable, rouler
« dans toutes les directions le faix de vos
« maux; arrivés près du sommet, cette

« masse énorme vous échappe toujours et « s'écroule.

« Que si, pour arrêter le cours de votre « révolution et n'en jouir que pour vous seul, « vous ne prétendez remettre la France qu'à « demi sur la voie de sa prospérité, vous ne « la retiendrez pas davantage : on ne com- « pose pas ainsi à demi avec l'esprit public.

« Un instinct général dans un grand état « fait que l'ensemble des intérêts, quand ils « ont pris leur place et qu'ils sont appréciés « avec calme, prennent la route de l'unité; « tout le monde court alors vers le gouver- « nement le plus protecteur; l'ensemble des « idées, quand le tems vient à les dépouiller « des passions, prennent de même la direc- « tion de la justice.

« Vous avez beau appeler la confiance, « comme Robespierre appelle la liberté; « vous avez beau associer votre sûreté à des « institutions dont vos sages prévoyent la « chute, comme les astronomes prédisent « les éclipses; vous avez beau déchaîner « contre nous les préjugés et les haînes, la « confiance fuit la terre convulsive des pros- « criptions et des confiscations, comme la « liberté fuit celle des noyades et des mas-

« sacres. La sûreté particulière, dans un
« grand état, ne s'établit pas mieux que la
« confiance sur le sable mouvant d'une répu-
« blique. Ces hommes, que le délire d'une
« révolution a pu faire haïr et persécuter, il
« est impossible qu'on ne revienne à les
« chérir et à les honorer.

« Ainsi les cupidités ont beau vous deman-
« der des spoliations, la confiance vous de-
« mandera elle-même des restitutions. Des in-
« dividus ont beau crier *vive la république*,
« tout le monde vous demandera un gouver-
« nement conforme à ses intérêts. Pour ce
« qui nous concerne, la France a trop de
« malheureux, pour que tous les malheureux
« n'y aient pas des amis; elle a trop de honte
« des atrocités et des excès passés, pour que
« vous puissiez retenir tous les souvenirs et
« tous les sentimens dans leur retour en
« notre faveur.

« Mais les événemens nous imposent de
« grandes pertes, et ces pertes mêmes vous
« causent vos méfiances. Vous ne pouvez
« imaginer qu'on fasse sincèrement de si
« grands sacrifices; eh! que ne jetez-vous
« les yeux autour de vous, sur le vaste ter-
« ritoire que vous occupez! vous apperce-

« vrez ces tours, ces creneaux, ces superbes
« vestiges d'une grande et antique puissance.
« Des rois tirés de notre sein ont porté
« à cette puissance des coups plus terribles
« encore que les vôtres. Ne voyez-vous pas
« que lorsque la masse d'un grand intérêt
« saisit avec généralité un nouvel ordre de
« choses, de grands sacrifices, qui se font
« sans honte, se font en même tems sans
« douleur? L'orgueil s'irrite de l'orgueil; il
« cède à la nécessité.

« Je viens de vous parler avec une ex-
« trême franchise. Enivrés comme les rois
« à la coupe du pouvoir, ce n'est pas dans
« les adresses de vos soldats ou de vos sujets
« que vous trouverez des vérités impor-
« tantes. Cependant je vous ai traité en
« vainqueurs, car je n'ai parlé qu'à votre
« intérêt; quels avantages n'aurois-je pas
« si je parlois à votre honneur et à votre
« justice! Croyez-moi, laissons-là tous tant
« que nous sommes nos justes et anciennes
« haines; laissez là une honteuse proscrip-
« tion, cause continuelle de nouvelles pros-
« criptions; prenez garde à cette masse de
« cupidités non contenues, de ressentimens
« non appaisés, germes éternels de divisions

« et de troubles. Vous, nous, la France en-
« tière avons besoin de paix; mais nous ne
« pourrons l'obtenir les uns et les autres que
« par une réconciliation sincère de tous les
« sentimens et de tous les intérêts, fondée
« sur un systême raisonnablement rétroactif
« de modération et de justice.

« Dans tous les cas n'imaginez pas de nous
« imposer jamais ou des déclarations impies
« ou des sermens de haîne à la royauté : nous
« tenons à la royauté par sentiment; nous
« avons l'espérance que vous y reviendrez
« vous-mêmes par besoin. Heureusement
« pour nous, disoit un ancien, il existe un
« *Dieu ;* car sans cela chacun de nous vou-
« droit l'être; il vous faut de même un roi,
« afin que chacun de vous ne veuille pas le
« devenir. Il ne nous seroit pas difficile de
« prouver que la France a besoin de monar-
« chie pour la liberté, et qu'elle ne peut être
« qu'esclave avec une république; mais tant
« que vous ne comprendrez pas à cet égard vos
« véritables intérêts, que vous importe nos
« véritables sentimens? A quelle espèce de
« gouvernement que s'arrête la France, ce
« gouvernement aura besoin de notre obéis-
« sance, et non pas de nos vœux. »

Tel est à-peu-près, Monsieur, le langage que je pourrois tenir à un de ces hommes célèbres qui gouvernent la France, si le hasard me donnoit l'occasion de converser avec lui : quel profit en feroit-il? je ne sais. Quel usage feroit-on dans le parti opposé des vues que je viens d'exposer? je ne le sais pas davantage. Dans tous les partis on rencontre des préjugés opiniâtres, des fureurs plus opiniâtres encore, et ce qui est pis, une inexpérience indocile qu'aucune raison n'a pu éclairer, qu'aucun péril n'a pu dompter.

Quoi qu'il en soit, mon objet a été de considérer avec tous les efforts de la violence et de la modération dans les affaires de la France; ma tâche est remplie : j'ai fait voir dans ma première lettre que la violence qui se montre est presque toujours un mouvement de la foiblesse; qu'il n'y a de force que dans la violence qui se contient, et que c'est-là ce qui constitue la véritable modération.

J'ai fait voir dans ma seconde lettre que le royalisme, n'ayant pas su faire de la violence l'usage qui lui étoit nécessaire pour se conserver dans la force, y est revenu très-mal-adroitement dans la foiblesse; la violence des prétentions, la foiblesse des mesures, forment toujours un contraste malheureux.

Enfin j'ai montré dans ma troisième lettre que la résistance des peuples du dedans est due en grande partie à la violence qu'on suppose au peuple du dehors; des institutions violentes auront beau périr par leur violence même, la violence haïe au dedans ne sera pas mieux accueillie quand elle arrivera du dehors. La France offre aujourd'hui une grande conquête à faire; mais il ne faut y arriver, ni avec des vaisseaux, ni avec des armées, ni avec des prétentions de quatorze siècles, ni avec des principes exagérés, ni avec des vengeances, ni avec des proscriptions; c'est avec la raison et la modération. Non pas qu'il ne soit peut-être pas nécessaire de se composer de grandes forces pour faire cesser de grandes résistances; mais je pense encore sur ce point que ce n'est qu'avec la raison et la modération qu'on pourra se composer une telle force et se mettre à même de repousser, s'il le faut, la violence par la violence.

Je viens de toucher des intérêts bien importans et bien délicats. Je ne me flatte pas d'avoir pu plaire à tous les amours-propres.

J'espère

J'espère avoir servi tous les intérêts. Au milieu de tant de souvenirs douloureux, de prétentions délicates, de plaies sensibles, il me paroît bien difficile que je n'aie blessé personne; des vérités dures sont trouvées souvent liées à des vérités utiles, de manière que je n'ai pu les séparer; mais je n'ai point écrit dans l'intention d'humilier qui que ce soit : si l'homme juste me condamne, je suis prêt à m'humilier moi-même, à me recueillir avec lui et avec moi, pour savoir si la faute est dans sa pensée ou dans la mienne. Je saurai profiter de la censure, subir même avec respect l'injustice des hommes de bien; le reste ne peut ni m'effrayer, ni m'apprécier.

Je suis, etc.

MONTLOSIER.

NOTE.

En donnant ces lettres au public, je n'ai pas besoin d'observer que mon objet a été moins de balancer les graves intérêts qui se trouvent entre la France et nous, que de préparer les esprits à la conciliation.

Après tant de désastres, lorsque les puissances s'occupent avec activité à fixer leur situation, peut-être il est tems de nous occuper [illegible] la nôtre. Il est vrai que ce n'est plus ce qui nou[illegible]vient qu'il faut examiner, c'est ce qui convient à la France. Nous n'avons plus de force pour la vaincre; nous en avons peut-être pour la sauver. Pour défendre sa révolution et au-dedans et au-dehors, elle a été obligée de faire les plus grands efforts, et elle s'est créée des dangers extrêmes, pour se préserver de ceux dont elle étoit menacée; c'est de ces dangers qu'il nous reste à la garantir.

Y rapporter le règne de la justice, y faire rentrer la confiance et le crédit, consolider sa dette publique, y rappeller tous les capitaux qui en sont sortis, lui procurer en numéraire ce qui est nécessaire pour vivifier la circulation et asseoir la solidité du gouvernement, bonifier la forme actuelle de la représentation nationale, substituer une véritable royauté à un directoire qui en est une insuffisante image, consacrer autant qu'il sera possible toutes les institutions du moment, ne vouloir de mouvement que ce qu'il faudra pour assurer le règne des loix et non pas pour recommencer celui des convulsions et des crises, tel est le but auquel désormais chacun de nous doit tendre. A ces conditions me paroissent attachés tout à la fois la restauration de la France, une bonne pacification de l'Europe qui en dépend, et le rétablissement des émigrés, qu'il importe plus qu'on ne croit à l'un et à l'autre.

Que ce but soit difficile à atteindre, ce n'est pas ce que je prétends contester. Ce ne peut être ni le plan ni le projet d'un seul homme; ce ne sera pas trop de la réunion de tous les honnêtes gens, du concours de tous les talens et de toutes les lumières. Avec ce secours personne n'est plus convaincu que moi de la difficulté d'une telle entreprise; mais il ne s'ensuit pas qu'il faille y ajouter encore les obstacles de nos passions.

Si au-dedans et au-dehors, dans l'opinion publique et dans celle des cabinets, le caractère de la violence demeure le seul caractère honoré; si dans tous les partis on ne sait pas s'éclairer de ses fautes passées, au profit de sa conduite présente; si on ne veut pas voir que la sûreté et la paix ne peuvent se trouver que dans la modération de toutes les prétentions, dans la démission de beaucoup de haines et de beaucoup de souvenirs, il est inutile d'occuper le public d'aucun plan de pacification. Tant qu'il restera à des cœurs aigris des espérances de vengeance, que peut-on faire avec des espérances de repos ?

Dans ce cas nous pouvons nous arranger d'avance

pour de nouvelles et terribles crises. Leur durée et leurs effets ne peuvent même être calculés par la politique. La France ne peut demeurer dans la situation où elle est. Peu-à-peu elle se dissout, comme société politique; peu-a-peu elle se recompose dans son armée: sa désorganisation sociale profite à son organisation militaire. La France périra pour les chefs actuels qui la gouvernent; elle n'en périra pas moins pour nous, et n'en deviendra que plus redoutable à l'Europe.

Tacite nous dit que les *Germains s'honoroient d'acheter avec leur sang ce que les autres peuples achètent avec leur sueur* (1). La France va devenir ce qu'étoit l'ancienne Germanie : appauvrie et ruinée au-dedans, elle n'en sera que plus belliqueuse au-dehors. Dans cette suite interminable d'efforts et d'épuisemens, que deviendra l'Europe? Beaucoup de peuples y brillent aujourd'hui de vigueur et de prospérité : l'Egypte, la Grèce, la Macédoine, les Romains y brillent comme eux : ils ont disparu de la scène du monde.

Oui, l'Europe a le même intérêt que nous à sauver la France de sa propre destruction. Malgré leurs nombreuses armées, les puissances européennes n'ont pas plus que nous des moyens de la subjuguer; elles ont avec nous et comme nous des moyens de la sauver : c'est dans ce sens que le sort des émigrés, qui importe à celui de la France, ne peut être indifférent à des négociations.

---

(1) Tacit. Mor. Ger.

Avant de balancer des intérêts si opposés, on voit qu'il étoit nécessaire de préparer les esprits à la conciliation. Il étoit nécessaire de faire disparoître des prétentions même justes, des ressentimens même légitimes, de redonner à la modération le caractère d'honneur qui lui appartient. Dans les tems ordinaires on peut la regarder comme une qualité; elle est essentiellement conservatrice : dans les tems de révolution, elle est bien plus importante encore, car elle tend à la réparation. Ce n'est peut-être pas grand chose que le sang-froid d'un guerrier dans sa tente; dans le combat il a quelque chose de sublime. Avant tout on doit être convaincu de ces vérités; on doit savoir que, dans les grands mouvemens, le partage de la foiblesse est presque toujours de ne pouvoir pas être modérée. Dans une révolution, il est clair que ceux-là sont les plus propres à commander aux choses et aux hommes, qui savent mieux se commander à eux-mêmes. Enfin le mauvais emploi de la violence nous a tous conduits à notre perte; aujourd'hui elle ne peut qu'avancer celle de la France, et consommer la nôtre.

Telles sont les vérités préliminaires que j'avois besoin d'établir. Si je n'ai pas rempli mon objet, j'en serai très-peu consolé par la satisfaction d'avoir mieux signalé à l'opinion publique une classe d'hommes accoutumés depuis long-tems à voir une haine impuissante s'agiter autour de la réputation. Au milieu de si grands malheurs, c'est peu de chose que l'amertume des tracasseries particulières, à moins que le principe qui les cause ne tende à prolonger ces malheurs mêmes.

Ce n'est que sous ce point de vue que je me permets d'apprécier cette continuité d'outrages qu'on adresse à quelques individus, et qui n'arrivent malheureusement qu'à la raison et à l'intérêt public.

Beaucoup d'honnêtes gens se rendent, sans le vouloir, complices de ces manœuvres. Les crimes de la révolution française s'étant commis presque toujours au nom de la liberté, de la justice et de l'humanité, l'honnêteté, en frémissant de ces attentats, se surprend souvent à maudire les noms sacrés qui leur ont servi de prétexte. On a très-bien remarqué que les excès des guerres religieuses donnèrent naissance à l'impiété. Une impiété morale non moins funeste est prête à lui succéder. Lorsque les sentimens les plus justes semblent s'irriter presque par-tout à la seule idée des droits de l'humanité; lorsque la haîne de la tyrannie repousse avec violence le nom même de la liberté; lorsqu'une philosophie sauvage se met à proscrire toute espèce de connoissance et de philosophie; lorsque de toutes parts on ne semble croire à d'autres mobiles qu'à celui de la crainte, on peut trembler de ce mouvement général qui tend à flétrir tous les cœurs, à isoler toutes les consciences, et à apporter dans la morale l'anarchie que les athées supposent dans l'univers.

Je ne sais s'il est toujours bon pour un peuple barbare de passer à l'état civilisé; mais un peuple civilisé qui passe à l'état de barbarie. . . . : . . . l'imagination s'épouvante des maux horribles qu'il a à subir.

Parmi les hommes que j'aime et que j'honore le

plus, il n'en est que trop malheureusement qui se livrent à ces méprises d'un sentiment juste. Leur chaleur m'intéresse et m'effraie. Si on les abandonnoit à leurs vœux, le délire de leur honnêteté produiroit autant de maux qu'en a produit la révolution même. Leurs intentions ont toujours droit à mon respect, mais leur doctrine épouvantable appelle toute ma résistance.

Etrange situation de l'Europe, où les classes inférieures du peuple, ayant par-tout une tendance au vertige de l'indépendance, les classes supérieures n'ont à leur opposer que les avantages de la servitude, où la morale est également diffamée par les actions des uns, par les discours des autres. C'est ainsi que, tandis que les grandes usurpations de la France ont exalté toutes les cupidités, ces crimes semblent avoir perverti tous les principes : tel est par-tout l'état de l'esprit public ; voilà le germe de nouvelles révolutions que la révolution française présente au monde entier, soit que les scélérats, soit même que les honnêtes gens parviennent à y dominer.

J'ai pu sonner l'allarme pour avertir de ce nouveau danger ; j'ai du montrer que la plus grande partie de nos revers en France appartiennent à cette cause ; j'invite tout le monde à se méfier d'une position dangereuse : *Non benè ripæ creditur.* Il est bien extraordinaire que l'aveuglement des préjugés ou celui des pressentimens conduise par-tout à la même faute. On me prouvera sans peine que nos ressentimens sont justes; ils ne m'en paroissent que plus dangereux. Au milieu des flots de tant d'erreurs et de passions, je ne compte pas beaucoup sur mes efforts : il me faudroit le trident de Neptune ; j'ai une plume ; mais avec ce frêle instrument de la pensée, j'aurai fait du moins, selon ce que peut comporter la foiblesse d'un individu, tout ce qui appartient à une conscience droite.

N. B. J'ai fait mention de Jourdan, comme d'un ancien caporal d'infanterie ; j'apprends que je me suis trompé, et que le célèbre général de ce nom est un officier de l'ancien régime.

F I N.

www.ingramcontent.com/pod-product-compliance
Lightning Source LLC
LaVergne TN
LVHW010031230826
846091LV00005B/1663

* 9 7 8 2 0 1 3 6 0 2 3 7 2 *